APÉRO CULTE

HUMOUR

LES RÈGLES DU JEU

MARABOUT

APÉRO CULTE

HUMOUR

QUESTIONS DÉCALÉES

Si je vous dis
« appartement sandwich »,
vous répondez…

Studio Bagel.

QUESTIONS DÉCALÉES

**« Zobi la Mouche »,
aurait pu crier Archibald Buttle
lors de son arrestation arbitraire
et pour le moins musclée
dans le film…**

Brazil de Terry Gilliam (1985 – À cause d'une mouche, le T du terroriste Tuttle est transformé en B).

QUESTIONS DÉCALÉES

White Russian
et bowling sur grand écran.

The Big Lebowski *des frères* Coen (1998).

QUESTIONS DÉCALÉES

Si je vous dis :
« *Métastase, Chimiothérapie, Schwartzenberg, Avenir* »,
à qui pensez-vous ?

Pierre Desproges.

QUESTIONS DÉCALÉES

Mon objet préféré est un mot utilisé dans les années 1980 dans le domaine musical. Qui suis-je ?

Harpagon et sa cassette interprété par Louis de Funès dans L'Avare de Jean Girault (1980).

QUESTIONS DÉCALÉES

Il n'aime pas les bilingues
ni les phrases de connards.
C'est Net !

Norman.

QUESTIONS DÉCALÉES

**Mon premier
est une ville italienne,
mon second est un chiffre,
mon troisième est un récipient,
et mon tout est un comédien
de la troupe du Splendid.**

Romain Bouteille (Rome – Un – Bouteille).

QUESTIONS DÉCALÉES

**En citant 3 mots,
faites deviner le nom de
Jean-Yves Lafesse.**

☺

Quelle femme politique a pris très au sérieux une déclaration gouvernementale diffusée sur le site parodique du Gorafi ?

Christine Boutin (*citant* « une stratégie provisoire d'avancement à potentialité différée », *à propos du report de la loi sur la famille, en 2014*).

QUESTIONS DÉCALÉES

Si je vous dis qu'on a adoré son *Petit Monde*, attendu son *Retour*, assisté à sa *Grande Bagarre* et cru qu'il allait devenir *Monseigneur*, vous pensez à... ?

Don Camillo.

Il a fait le standard à Canal +.

Jackie Berroyer.

QUESTIONS DÉCALÉES

Quel humoriste se cache derrière ces indices :

Salopette – S'envole – Fiscalité ?

François-Xavier Demaison.

QUESTIONS DÉCALÉES

Le titre de
cette comédie française
est en verlan.

Les Ripoux de Claude Zidi (1984).

QUESTIONS DÉCALÉES

Complétez cette citation extraite de *L'aventure, c'est l'aventure* de Claude Lelouch (1972) :
« Je vous croyais marxistes ? – Oui, tendance… »

… Groucho !

QUESTIONS DÉCALÉES

Quel couple d'humoristes se cache derrière cette phrase : « *L'opéra, il s'en fout* » ?

Garnier et Sentou.

QUESTIONS DÉCALÉES

Quel film se cache derrière ces indices :

Dorothy – Série – Acteur ?

Tootsie *de Sydney Pollack* (1982).

QUESTIONS DÉCALÉES

Ils vendent du *H*
à la tour Montparnasse,
et c'est infernal !

Éric et Ramzy.

QUESTIONS DÉCALÉES

**De quelle manière
Cyril Hanouna
a-t-il fêté la dernière
de *La Grosse Émission*
sur la chaîne Comédie+ ?**

En se mettant nu et en allant ainsi remercier les passants et les commerçants.

AU TEMPS DU MUET

**Simplement en mimant,
faites deviner
Claudia Tagbo.**

AU TEMPS DU MUET

**Simplement en mimant,
faites deviner le film
*Y a-t-il un flic
pour sauver la reine ?*
de David Zucker (1988).**

AU TEMPS DU MUET

Simplement en mimant, faites deviner le film *Qu'est-ce qu'on a fait au Bon Dieu ?* de Philippe de Chauveron (2014).

AU TEMPS DU MUET

**Simplement en mimant,
faites deviner
la série *Les Simpson.***

AU TEMPS DU MUET

Simplement en mimant, faites deviner le film *Amour et Turbulences* d'Alexandre Castagnetti (2013).

AU TEMPS DU MUET

**Simplement en mimant,
faites deviner le film
Un Indien dans la ville
d'Hervé Palud (1994).**

AU TEMPS DU MUET

Simplement en mimant, faites deviner le film *Les Chèvres du Pentagone* de Grant Heslov (2009).

AU TEMPS DU MUET

Simplement en mimant,
faites deviner le sketch
La Chasse au canard !
de Robert Lamoureux.

AU TEMPS DU MUET

**Simplement en mimant,
faites deviner le film
Treize à la douzaine
de Shawn Levy
(2003).**

AU TEMPS DU MUET

Simplement en mimant, faites deviner le film *Laisse tes mains sur mes hanches* de Chantal Lauby (2003).

AU TEMPS DU MUET

**Simplement en mimant,
faites deviner
le président du Groland,
interprété par
Christophe Salengro.**

AU TEMPS DU MUET

**Simplement en mimant,
faites deviner le film
Le Diable s'habille en Prada
de David Frankel
(2006).**

AU TEMPS DU MUET

Simplement en mimant,
faites deviner
José Garcia.

AU TEMPS DU MUET

**Simplement en mimant,
faites deviner
le film *Les Poupées russes*
de Cédric Klapisch
(2005).**

AU TEMPS DU MUET

Simplement en mimant, faites deviner le film *Le Diable par la queue* de Philippe de Broca (1968).

AU TEMPS DU MUET

Simplement en mimant, faites deviner le sketch *Les Papes* de Coluche.

AU TEMPS DU MUET

**Simplement en mimant,
faites deviner le film
La moutarde me monte au nez
de Claude Zidi
(1974).**

AU TEMPS DU MUET

**Simplement en mimant,
faites deviner
Raymond Devos.**

AU TEMPS DU MUET

**Simplement en mimant,
faites deviner
le sketch *Le Lâcher de salopes*
de Jean-Marie Bigard.**

AU TEMPS DU MUET

**Simplement en mimant,
faites deviner
le sketch des Nuls
*La mouche qui pète.***

AU TEMPS DU MUET

**Simplement en mimant,
faites deviner le film
Les hommes préfèrent les grosses
de Jean-Marie Poiré
(1981).**

AU TEMPS DU MUET

**Simplement en mimant,
faites deviner
Les Lascars Gays.**

TOUS EN SCÈNE

**Faites deviner
en faisant, comme les héros,
le remake à petit budget
de scènes cultes :**

Soyez sympas, rembobinez
de Michel Gondry (2008).

TOUS EN SCÈNE

Faites deviner en l’imitant :

Chantal Ladesou.

TOUS EN SCÈNE

Faites deviner en jouant la scène culte de ce premier film comique :

L'Arroseur arrosé
(Louis Lumière, 1895).

TOUS EN SCÈNE

Faites deviner en jouant la scène de l'accident de voiture :

Le Corniaud
de Gérard Oury (1965).

TOUS EN SCÈNE

Faites deviner,
en jouant le rôle de Jean-Marc,
le singe grossier et
sans retenue du ventriloque :

Jeff Panacloc.

TOUS EN SCÈNE

Faites deviner en jouant la scène de strip-tease et en fredonnant *Hot Stuff* de Donna Summer :

***The Full Monty* de Peter Cattaneo (1997).**

☻

TOUS EN SCÈNE

**Faites deviner,
en imitant Albert Dupontel
racontant, façon gros dur
énervé, le scénario du film,
le titre de son sketch :**

Rambo.

TOUS EN SCÈNE

Faites deviner en jouant la scène où Claude Brasseur, en faux aveugle, sème la pagaille dans un restaurant pour amuser Victor Lanoux :

***Un éléphant ça trompe énormément* d'Yves Robert (1976).**

TOUS EN SCÈNE

Faites deviner interprétant un tutoriel à la manière de Jérôme Niel, sans oublier le fameux « *Salut, bande de salopes !* » :

Les Tutos de Jérôme Niel.

TOUS EN SCÈNE

Faites deviner en interprétant cette réplique :
« Mais bordel de nom de Dieu, y a bien un cul qui nous attend quelque part ! » **:**

Les Valseuses **de Bertrand Blier (1974).**

QUESTIONS DÉCALÉES

Dans ce film,
Marcel, ce chameau,
fait le con.

Banzaï de Claude Zidi (1983)

QUESTIONS DÉCALÉES

En citant 3 mots, faites deviner le titre de la série *Caméra Café*.

QUESTIONS DÉCALÉES

Dans ce film, sa tête a un rapport certain avec l'univers.

Les Beaux Gosses de Riad Sattouf (2009).

QUESTIONS DÉCALÉES

Il préfère les sodas aux profs.

Kev Adams.

QUESTIONS DÉCALÉES

Dans *Les convoyeurs attendent* de Benoît Mariage (1999), quel objet doit manipuler 40 000 fois Michel pour réaliser le rêve de son père d'entrer dans le *Livre des records* ?

Une porte.

QUESTIONS DÉCALÉES

Vanneur professionnel,
j'ai fait inscrire sur l'affiche
de mon premier film :
« *N'y allez pas, c'est une merde !* »
Et ce bide culte a bien failli
me ruiner. Je suis…

Laurent *Baffe* (Les Clefs de bagnole).

TOUS EN SCÈNE

Faites deviner en dansant La Carioca :

***La Cité de la peur* d'Alain Berbérian (1994).**

☻

TOUS EN SCÈNE

Faites deviner en l'imitant dans son rôle de Martha, prof d'arts plastiques désinhibée et à l'accent prononcé :

Julie Ferrier.

☺☺

TOUS EN SCÈNE

Faites deviner en l'imitant dans un sketch des Deschiens :

François Morel.

**Faites deviner
en jouant John Cage
interprétant une chanson
de Barry White
dans des toilettes :**

Ally McBeal.

TOUS EN SCÈNE

Faites deviner en imitant sa revue de presse « *On ne nous dit pas tout* » (*Radio bistrot*) :

Anne Roumanoff.

TOUS EN SCÈNE

**Faites deviner
en jouant son sketch où
elle dresse la liste des courses
tandis que son mari
la prend par derrière :**

Virginie Hocq.

TOUS EN SCÈNE

**Faites deviner
le nom du comique suivant
en l'imitant en train
d'imiter Joe Dassin :**

Patrick Sébastien.

TOUS EN SCÈNE

**Faites deviner
en jouant le rôle de La Denrée
dans *La Soupe aux choux*
de Jean Girault (1981) :**

Jacques Villeret.

TOUS EN SCÈNE

Faites deviner en imitant une de ses caméras cachées :

François Damiens.

😊😊

TOUS EN SCÈNE

Faites deviner le nom du personnage et de son interprète en l'imitant :

Cyprien, le bigleux amateur de blondes à fortes poitrines, par Élie Semoun.

TOUS EN SCÈNE

Faites deviner
en parodiant comme eux
la série *Julie Lescaut* :

Éric et Quentin.

☺

TOUS EN SCÈNE

Faites deviner le spectacle du duo Amelle Chahbi et Noom Diawara :

Amour sur place ou à emporter.

TOUS EN SCÈNE

Faites deviner
le sketch et son interprète
en imitant quelqu'un
enfilant un k-way :
Le K-way
de Dany Boon.

TOUS EN SCÈNE

Faites deviner
en interprétant cette réplique :
« Je suis lui, lui et lui… Je suis comme l'Europe, je suis tout ça. Je suis un vrai bordel » :

L'Auberge espagnole
de Cédric Klapisch (2002).

AU TEMPS DU MUET

Simplement en mimant, faites deviner le film *Les Frères Pétards* d'Hervé Palud (1986).

AU TEMPS DU MUET

Simplement en mimant, faites deviner le film *Le Mariage de mon meilleur ami* de P. J. Hogan (1997).

AU TEMPS DU MUET

**Simplement en mimant,
faites deviner
le film *Podium*
de Yann Moix
(2004).**

☺

AU TEMPS DU MUET

**Simplement en mimant,
faites deviner
le film *Babysitting*
de Philippe Lacheau
(2014).**

AU TEMPS DU MUET

Simplement en mimant,
faites deviner
le film *Happiness Therapy*
de David O. Russell
(2012).

AU TEMPS DU MUET

**Simplement en mimant,
faites deviner
le titre de la série
*Sex and the City.***

AU TEMPS DU MUET

Simplement en mimant,
faites deviner
Omar et Fred.

AU TEMPS DU MUET

Simplement en mimant, faites deviner le film *Neuilly sa mère* de Gabriel Julien-Laferrière (2009).

AU TEMPS DU MUET

**Simplement en mimant,
faites deviner
le film *La Proposition*
d'Anne Fletcher
(2009).**

AU TEMPS DU MUET

Simplement en mimant,
faites deviner
le film *Sister Act*
d'Emile Ardolino
(1992).

AU TEMPS DU MUET

Simplement en mimant, faites deviner le film *Les cadavres ne portent pas de costard* de Carl Reiner (1982).

AU TEMPS DU MUET

Simplement en mimant, faites deviner Guy Montagné.

THÈMES ET MOTS-CLÉS

Citez 3 chanteurs comiques.

Oldelaf, Lagaf, Bourvil…

THÈMES ET MOTS-CLÉS

Citez 3 comédies avec Steve Martin.

Les cadavres ne portent pas de costards,
Un Ticket pour deux, Le Père de la mariée,
Treize à la douzaine ...

**Quelle série animée
nous raconte la vie
de Blog, Spam, Web et Url ?**

Silex and the City.

COMIQUES ET SKETCHES

Quelle humoriste a été menacée de mort pour ses billets d'humeur dans la matinale de France Inter ?

Sophia Aram.

Quel humoriste ne supporte pas les digicodes :

Marc Jolivet – Didier Bénureau – Kheiron ?

Marc Jolivet.

COMIQUES ET SKETCHES

En qui Rémi Gaillard est-il déguisé dans son sketch où il fait la course avec des automobilistes ?

En Mario, mascotte de Nintendo®, avec son Mario Kart.

Quelle célèbre chanson française des années 1970 les frères Taloche parodient-ils ?

J'ai encore rêvé d'elle d'Il était une fois.

COMIQUES ET SKETCHES

**De quel cabaret
Jean Amadou, Bernard Mabille,
Pierre Douglas et Darry Cowl
ont-ils été
les « pensionnaires » ?**

Don Camillo.

Quel est l'homme parfait que déteste par-dessus tout Gad Elmaleh ?

Le Blond.

COMIQUES ET SKETCHES

Complétez le titre de la chronique de Chris Esquerre dans *L'Édition spéciale* : *La revue de presse des journaux...*

… que personne ne lit.

Dans quelle voiture
Les Chevaliers du fiel
aimeraient-ils
bien nous prendre ?

La Simca 1000.

COMIQUES ET SKETCHES

Quels humoristes se sont produits ensemble sur scène en 2016 ?

Kev Adams et Gad Elmaleh.

Quel humoriste s'est ainsi moqué de ses origines : « *Tu prends une boîte de chocolats, tu la plies en quatre, t'as un passeport camerounais* » ?

Dieudonné (Les Pygmées).

**Quel est, sur scène,
le lien de parenté entre
Shirley et Dino ?**

Ils sont cousins (époux dans la vraie vie).

COMIQUES ET SKETCHES

Quelle ville française a été à l'honneur grâce à Daniel Prévost dans l'émission *Le Petit Rapporteur* ?

Montcuq.

COMIQUES ET SKETCHES

Sous quel nom est plus connu Thomas Vandenberghe ?

Thomas VDB.

COMIQUES ET SKETCHES

Pour vous faire deviner ce duo, « *nous ne voyons pas d'autre explication* » à vous donner.

Éric & Ramzy (gimmick de leurs sketchs Les Mots).

Quel objet est indispensable à l'humour de Redouanne Harjane ?

Sa guitare.

Quel duo a pour célèbre gimmick : « *C'est vous qui voyez* » ?

Chevallier et Laspalès.

Comment s'appelle la série à laquelle Anémone, Catherine Deneuve et Josiane Balasko ont participé ?

La Minute vieille.

Quel est le genre de filles préféré de Max Boublil ?

Les moches (J'aime les moches).

Quel humoriste peut se vanter d'avoir été à la fois au générique de *Classe mannequin* et à l'affiche de la Comédie-Française ?

Laurent Lafitte.

COMIQUES ET SKETCHES

Quelle performance parvient à faire Mr Bean sur une plage afin de ne pas être vu... d'un aveugle ?

Il se change sans jamais se mettre nu.

**Qui s'aiment,
se sont aimés
et finalement
se re-aiment ?**

Pierre Palmade et Michèle Laroque.

Quelle animatrice de télé a tourné dans le clip de *ChatRoulette* de Max Boublil (2010) ?

Sophie Favier.

COMIQUES ET SKETCHES

Dans leur sketch *La Révolution*, comment Les Inconnus épellent-ils le nom du roi Louis XVI ?

Louis croix V bâton.

Comment s'appelle le chanteur de flamenco interprété par Kad Merad qui joue de la guitare avec son sexe ?

Manitas de la bitas.

D'après Smaïn, quel est le féminin de *Français* ?

Françoise (Président).

COMIQUES ET SKETCHES

Il ne sent pas l'urine, et pourtant c'est son nom de scène dans la série *La Cape et l'Épée*. De qui s'agit-il ?

Maurice Barthélemy (alias Pulpipi).

COMIQUES ET SKETCHES

Selon Cyprien, comment les noms d'objets d'Ikea® sont-ils trouvés ?

Avec des lettres de Scrabble® prises au hasard.

Qui joue le rôle du présentateur dans *Kaïra Shopping* ?

Abdelkrim, alias Medi Sadoun.

COMIQUES ET SKETCHES

Comment s'appelait la chronique de Stéphane de Groodt qui passait dans l'émission *Le Supplément* ?

Retour vers le futur.

COMIQUES ET SKETCHES

Quelle était la particularité de Pierre Repp, qui a fait le succès de ses sketchs ?

Il bafouillait, butant sur les mots ou en intervertissant les syllabes.

COMIQUES ET SKETCHES

Quel comique est venu aux César vêtu d'un jogging orange ?

Dany Boon.

Sous quel nom connaît-on mieux Gisèle et Lucienne ?

Les Vamps.

Quel humoriste français est la voix de la marionnette de PPDA ?

Yves Lecoq.

COMIQUES ET SKETCHES

Woody Allen a déclaré dans un entretien qu'il rêvait d'être celui d'Ursula Andress. De quel accessoire parlait-il ?

Son collant.

D'après Patrick Timsit,
***« ils sont partout »*.**
Mais de qui parle-t-il ?

Les catholiques.

COMIQUES ET SKETCHES

Avec quelle troupe comique Jean Dujardin a-t-il connu ses premiers succès ?

Nous Ç Nous (ou La Bande du Carré Blanc).

COMIQUES ET SKETCHES

Comment Florence Foresti, de retour de maternité, intitula-t-elle son spectacle ?

Mother Fucker.

Quel est le seul endroit où Donna, l'héroïne de *1941* de Steven Spielberg, parvient à prendre du plaisir :

Un avion – Un sous-marin – Une salle de cinéma ?

Dans un avion.

COMÉDIES

Dans *Mary à tout prix* des frères Farrelly (1998), qui est drogué, électrocuté et entièrement plâtré ?

Le chien de la colocataire de l'héroïne.

COMÉDIES

Quelle étonnante révélation fait un nain à Daniel et Robert lors des *Joyeuses Funérailles* de leur père ?

Qu'il a été l'amant de leur père (Joyeuses Funérailles de Frank Oz, 2007).

Qui a incarné en premier François Pignon à l'écran :

Pierre Richard – Jacques Brel – Jacques Villeret – Daniel Auteuil ?

Jacques Brel dans L'Emmerdeur d'Édouard Molinaro (1973).

COMÉDIES

Quel est le nom du personnage joué par Jean Lefebvre dans le film *Ne nous fâchons pas* de Georges Lautner (1966) :

Michelin – Michalon – Machelon ?

Michalon.

COMÉDIES

De quels instruments jouent Tony Curtis et Jack Lemmon dans *Certains l'aiment chaud* de Billy Wilder (1959) ?

Du saxophone et de la contrebasse.

Selon Popeye, dans *Les Bronzés* (1978), qu'est-ce qui retient Jean-Claude Dusse de lui casser la gueule ?

La trouille.

COMÉDIES

Quelle est la couleur du caleçon de Jean-Paul Belmondo dans *Le Guignolo* de Georges Lautner (1980) ?

Blanc à pois rouges.

COMÉDIES

Quel est le titre de la chanson interprétée par Guy Marchand dans le film *Les Sous-doués en vacances* de Claude Zidi (1981) ?

Destinée.

COMÉDIES

Qui a co-écrit le scénario du film *Le Viager* de Pierre Tchernia (1972) :

Goscinny – Franquin – Hergé – Gotlib ?

Goscinny.

COMÉDIES

Quel est le surnom de l'infirmière qui sème le trouble dans *MASH* de Robert Altman (1970) ?

« Hot Lips » (Lèvres en feu).

COMÉDIES

Dans *Noblesse oblige*, que doit faire le personnage joué par Alec Guinness pour accéder au titre de duc ?

Il doit tuer les 8 membres d'une même famille.

COMÉDIES

Dans *Deux heures moins le quart avant Jésus-Christ* de Jean Yanne (1982), quel code musical ouvre le passage secret permettant à César de fuir ?

Le thème de *Rencontre du troisième type* de Steven Spielberg.

Quelle infidélité a commise Jessica dans *Qui veut la peau de Roger Rabbit ?* de Robert Zemeckis ?

Elle a joué à « picoti-picota » avec Marvin Acme.

Qui est Priscilla dans le film *Priscilla, folle du désert* de Stephan Elliott (1995) ?

L'autobus avec lequel ils traversent l'Australie.

COMÉDIES

Quel célèbre méchant cinématographique apparaît dans *La Nuit au musée 2* de Shawn Levy (2009) ?

Dark Vador.

Qui est Bébé dans
L'Impossible M. Bébé
d'Howard Hawks (1938) ?

Un léopard.

COMÉDIES

Pour quel motif Kad Merad est-il arrêté par un gendarme sur l'autoroute qui le conduit vers le Nord dans *Bienvenue chez les Ch'tis* de Dany Boon (2008) ?

Pour excès de lenteur.

Qui joue le rôle du petit ami de Miranda, l'ex-femme de Mme Doubtfire, dans *Madame Doubtfire* de Chris Columbus (1993) ?

Pierce Brosnan.

En quoi consiste le Commandement réalisé par Michaël Youn et sa bande :

« Tu resteras à 9,15 m » ?

Nus, ils forment un mur sur lequel Djibril Cissé tire des coups francs.

COMÉDIES

Comment s'appelle l'opéra joué dans le film *Les Chinois à Paris* de Jean Yanne (1974) : *Carmeng – Casse-lychees – Le Lac des Pandas – Les noces de Lin Yao ?*

Carmeng.

Comment s'appelle la pièce de théâtre dont est tiré le film *Un air de famille* de Cédric Klapisch (1996) ?

Un air de famille

COMÉDIES

Quel rôle interprète Roberto Benigni dans *Astérix et Obélix contre César* de Claude Zidi (1999) ?

Détritus.

Quel célèbre artiste est l'agent M dans *Men in Black 2* de Barry Sonnenfeld (2002) ?

Michael Jackson.

De quel film de Judd Apatow
40 ans : mode d'emploi
(2013)
est-il la suite ?

En cloque, mode d'emploi *de Judd Apatow* (2012)

COMÉDIES

Dans quel film peut-on entendre un arbre qui chante ?

Intouchables d'Olivier Nakache et Éric Tolédano (2011).

Dans *Monty Python : Sacré Graal !* (1975), quel bruitage apparaît à l'écran ?

Le bruit des noix de coco pour simuler les pas des chevaux.

COMÉDIES

Qui la *Connasse*, *princesse du cœur*, s'est-elle mis en tête d'épouser en 2015 ?

Le prince Harry.

**Quel acteur comique
était pourtant surnommé
« l'homme qui ne rit jamais » ?**

Buster Keaton.

D'après Jean-Pierre Bacri dans *Didier* d'Alain Chabat, qu'est-ce qu'un homme ne doit pas faire ?

Il ne doit pas sentir le cul des gens.

Avec quel réalisateur français Terry Gilliam a-t-il tourné deux films ?

Albert Dupontel.

Dans *Yes Man* de Peyton Reed (2009), quelle résolution prend Jim Carrey qui va changer ses relations avec les autres ?

Il dit « oui » à tout.

Dans quel film Adolphe n'est-il pas

le bienvenu ?

Le Prénom d'Alexandre de La Patellière et Matthieu Delaporte (2012).

Comment s'intitule la suite de *Mais qui a tué Pamela Rose* d'Éric Lartigau (2003) ?

Mais qui a retué Pamela Rose ? de Kad Merad et Olivier Baroux (2012).

Combien d'ex maléfiques Scott Pilgrim doit-il affronter dans le film *Scott Pilgrim* d'Edgar Wright (2010) :

4 – 7 – 9 ?

COMÉDIES

Comment appelle-t-on le genre de comédie mettant en scène des soldats ?

Comique troupier.

**Comment s'appelle
le chat de François
et Carole dans le film
Et la tendresse ?... bordel !
de Patrick Schulmann
(1979) ?**

Clitoris.

COMÉDIES

D'après son affiche, dans quel film Catherine Deneuve est-elle une « Chipie » et Fabrice Luchini une « Femme au foyer » ?

Potiche de François Ozon (2010).

À bord de quelle voiture se déroule *La Folle Journée de Ferris Bueller* de John Hughes (1986) ?

😊😊

Ferrari 250 GTO.

COMÉDIES

Dans *Very Bad Trip* de Todd Phillips (2009), de qui les 4 compères ont-ils volé le tigre ?

Mike Tyson.

THÈMES ET MOTS-CLÉS

Citez 3 comédies se déroulant au Moyen Âge.

Les Visiteurs, Monty Python : Sacré Graal !,
Sacré Robin des Bois...

THÈMES ET MOTS-CLÉS

Citez 3 sketchs de Muriel Robin.

La Lettre, Le Noir, Le Répondeur…

THÈMES ET MOTS-CLÉS

Citez 3 personnages de José Garcia dans NPA.

Sandrine Troforte, Ginette Bitembois,
Claudia Schouffer…

THÈMES ET MOTS-CLÉS

Citez 3 spécialistes de canulars radiophoniques.

Gérald Dahan, Jean-Yves Lafesse,
les Justiciers masqués...

Citez 3 comédies commençant par *Very Bad*.

Very Bad Things, Very Bad Trip,
Very Bad Cops…

THÈMES ET MOTS-CLÉS

Citez 3 comédies où Pierre Richard interprète l'un des deux personnages créés par Francis Veber, François Pignon ou François Perrin.

F. Pignon : Les Compères, Les Fugitifs.
F. Perrin : Le Grand Blond..., Le Retour du grand blond, Le Jouet, On aura tout vu, La Chèvre.

THÈMES ET MOTS-CLÉS

Citez 3 comédies ayant pour thème la guerre.

Dr Folamour, La Grande Vadrouille, Stalag 17 ...

THÈMES ET MOTS-CLÉS

Citez 3 comédies avec Catherine Deneuve.

Potiche, Palais Royal !, Belle-maman...

THÈMES ET MOTS-CLÉS

Citez 3 émissions de radio humoristiques.

Le Tribunal des Flagrants délires, Arthur et les Pirates, Les Pieds dans le plat...

THÈMES ET MOTS-CLÉS

Citez les 3 films de la série de la *7e compagnie*.

Mais où est donc passée la 7e compagnie ?,
On a retrouvé la 7e compagnie,
La 7e compagnie au clair de lune.

THÈMES ET MOTS-CLÉS

Citez 3 comiques belges.

Raymond Devos, André Lamy,
Alex Vizorek…

THÈMES ET MOTS-CLÉS

Citez 3 comédies avec Albert Dupontel.

Bernie, Enfermés dehors, Le Vilain, 9 mois ferme ...

THÈMES ET MOTS-CLÉS

Citez 3 humoristes révélés par le *Jamel Comedy Club*.

Claudia Tagbo, Malik Bentalha, Kheiron...

THÈMES ET MOTS-CLÉS

Citez 3 comédies qui se moquent de l'aristocratie.

Le Mariage du siècle, Les Aristos, Connasse, princesse des cœurs…

THÈMES ET MOTS-CLÉS

Citez 3 émissions de télévision humoristiques.

Palmashow l'émission, Le SAV des émissions, Action Discrète ...

THÈMES ET MOTS-CLÉS

Citez 3 comédies avec un travesti.

Tootsie, Chouchou, Victor Victoria...

THÈMES ET MOTS-CLÉS

Citez 3 femmes humoristes.

Virginie Hocq, Sylvie Joly, Claudia Tagbo…

THÈMES ET MOTS-CLÉS

Citez 3 sketchs des Inconnus.

Les Chasseurs, Tournez ménages,
La Famille en plomb…

THÈMES ET MOTS-CLÉS

Citez 3 comédies avec Robin Williams.

Good Morning Vietnam,
Madame Doubtfire, Jack ...

Citez 3 sketchs de Coluche.

C'est l'histoire d'un mec, Le CRS arabe,
L'Auto-stoppeur…

THÈMES ET MOTS-CLÉS

Citez 3 films des Monty Python.

La Première Folie des Monty Python,
La Vie de Brian, Le Sens de la vie ...

THÈMES ET MOTS-CLÉS

Citez 3 humoristes révélés par l'émission *On ne demande qu'à en rire.*

Arnaud Tsamère, Olivier de Benoist, Jérémy Ferrari...

THÈMES ET MOTS-CLÉS

Citez 3 comédies de Georges Lautner avec Michel Audiard comme scénariste.

Les Tontons flingueurs, Les Barbouzes,
Ne nous fâchons pas, Le Guignolo ...

THÈMES ET MOTS-CLÉS

Citez 3 personnalités parodiées par Florence Foresti.

Madonna, Britney Spears, Céline Dion,
Isabelle Adjani, Cécilia Sarkozy…

AU TEMPS DU MUET

Simplement en mimant,
faites deviner
Michaël Youn.

AU TEMPS DU MUET

**Simplement en mimant,
faites deviner le film
Mais qui a retué Pamela Rose ?
d'Olivier Baroux et
Kad Merad (2012).**

AU TEMPS DU MUET

Simplement en mimant, faites deviner le film *The Artist* de Michel Hazanavicius (2011).

AU TEMPS DU MUET

**Simplement en mimant,
faites deviner
le film *La Famille Addams*
de Barry Sonnenfeld
(1991).**

AU TEMPS DU MUET

Simplement en mimant,
faites deviner Guy Bedos.

AU TEMPS DU MUET

Simplement en mimant, faites deviner le film *Deux Anglais à Paris* de Robert Hammer (1955).

TOUS EN SCÈNE

Faites deviner en imitant Doudou Gilbert Montagné :

Le SAV des émissions.

TOUS EN SCÈNE

Faites deviner en imitant Phoebe interprétant sa chanson *Smelly Cat* la série :

Friends.

☺☺

TOUS EN SCÈNE

Faites deviner en imitant la reine Guenièvre :

***Kaamelot*.**

TOUS EN SCÈNE

Faites deviner en jouant
la scène de poursuite
en accéléré
qui concluait ses shows :

Benny Hill.

TOUS EN SCÈNE

Faites deviner en l'imitant caricaturant Johnny Hallyday :

Laurent Gerra.

TOUS EN SCÈNE

Faites deviner
en interprétant des parents,
des élèves et des profs,
la série :

Pep's.

TOUS EN SCÈNE

Faites deviner en exécutant un tour de magie à sa manière :

Éric Antoine.

TOUS EN SCÈNE

Faites deviner en interprétant cette réplique : « *Ah ! nom de Dieu, quelle merveille. On dirait de la mousse. Tu es belle, tu sais. Ah ! tu es très belle… Tu es vierge ?* » :

***Les Galettes de Pont-Aven* de Joël Séria (1975).**

TOUS EN SCÈNE

Faites deviner en l'imitant en train de s'énerver :

Louis de Funès.

TOUS EN SCÈNE

Faites deviner en imitant leur revue de presse :

Catherine et Liliane.

TOUS EN SCÈNE

Faites deviner en l'imitant :

Édouard Baer.

TOUS EN SCÈNE

**Faites deviner,
en vous comportant
comme Camille Cottin,
la série :**

Connasse.

QUESTIONS DÉCALÉES

Il a arrêté de faire le guignol pour animer une presque revue de presse.

Nicolas Canteloup.

QUESTIONS DÉCALÉES

Quel humoriste se cache derrière ces indices ?

Spamalot – EPS – Gaby.

Arnaud Ducret.

QUESTIONS DÉCALÉES

Si je vous dis
Fais pas ci, fais pas ça
avec cette graine de star
car elle voit
des extraterrestres partout,
vous pensez au comique… ?

Bruno Salomone.

QUESTIONS DÉCALÉES

À quelle émission de télévision les comédies *The Blues Brothers*, *Wayne's World*, et l'émission Le Débarquement doivent-elles beaucoup ?

Saturday Night Live.

QUESTIONS DÉCALÉES

En citant 3 mots,
faites deviner le titre du film
La vérité si je mens !
de Thomas Gilou.

QUESTIONS DÉCALÉES

J'ai un espace de délation sur le site du *Point*, je tapine pour monter sur scène et, sous un nom d'emprunt littéraire, je balance des horreurs avec cynisme. Je suis…

Gaspard Proust.

QUESTIONS DÉCALÉES

**En citant 3 mots,
faites deviner le nom de
Jamel Debbouze.**

☺

QUESTIONS DÉCALÉES

Sacré pianiste et roi du kung-fu,
je n'en suis pas moins
un « *petit canaillou* » zozotant.
Je suis…

Darry Cowl.

TOUS EN SCÈNE

Faites deviner en jouant la scène où l'héroïne simule un orgasme en plein repas dans un restaurant :

***Quand Harry rencontre Sally* de Rob Reiner (1989).**

TOUS EN SCÈNE

Faites deviner en jouant la scène où Christian Clavier actionne l'interrupteur en disant « *Jour, nuit...* » :

Les Visiteurs
de Jean-Marie Poiré
(1993).

☺☺

QUESTIONS DÉCALÉES

Mon premier est du Nord ou du voyage, mon second est une couleur de cheveux, mon troisième est la 11e lettre de l'alphabet, et mon tout est un humoriste qui aime les bêtes.

Jean Roucas (Gens – roux – K).

QUESTIONS DÉCALÉES

« Oh Brad ! Oh Janet ! »

The Rocky Horror Picture Show de
Jim Sharman (1975).

QUESTIONS DÉCALÉES

Quel humoriste se cache derrière ces indices ?

Cuisinier – Bzzz – Pétomane.

Bruno Carette.

QUESTIONS DÉCALÉES

**Petit animal du désert
qui aime jouer
aux jeux vidéo.**

Suricate (Golden Moustache).

Faites deviner en l'imitant caricaturant Amy Winehouse :

Florence Foresti.

TOUS EN SCÈNE

Faites deviner en improvisant des règles, des questions et des réponses absurdes :

***Le Kamoulox* de Kad et Olivier.**

QUESTIONS DÉCALÉES

En citant 3 mots, faites deviner le nom de Tex.

QUESTIONS DÉCALÉES

**Les surnoms
de ces deux personnages
comportent quatre fois
le son « ou » en tout.**

Loulou et Chouchou (Un gars, une fille).

En citant 3 mots, faites deviner le nom de Michel Boujenah.

QUESTIONS DÉCALÉES

Si je vous dis « Gaspard et Balthazar », vous répondez…

Very Bad Blagues.

COMIQUES ET SKETCHES

**Quelle troupe
s'est d'abord appelée
The Royal Imperial Green
Rabbit Company ?**

Les Robins des Bois.

COMIQUES ET SKETCHES

**Quelle série courte
a mis à l’honneur
un certain usage
du Sopalin® ?**

Bref.

Citez 3 humoristes dont le nom commence par la lettre P.

Gaspard Proust, Pierre Palmade, Popeck, Gustave Parking…

THÈMES ET MOTS-CLÉS

Citez 3 acteurs
des *Tontons flingueurs*
de Georges Lautner.

Bernard Blier, Francis Blanche,
Jean Lefebvre, Lino Ventura, Claude Rich...

THÈMES ET MOTS-CLÉS

Citez 3 troupes comiques françaises.

La Bande à fifi, Les Taupes Models,
Les 3 Jeanne…

THÈMES ET MOTS-CLÉS

Citez 3 comédies réalisées par Dany Boon.

La Maison du bonheur, Rien à déclarer, Supercondriaque…

THÈMES ET MOTS-CLÉS

Citez 3 comédies policières.

Police Academy, Le Flic de Beverly Hills,
Hot Fuzz…

THÈMES ET MOTS-CLÉS

Citez 3 parodistes musicaux.

Les Fatals Picards, Fatal Bazooka, Michaël Gregorio…

THÈMES ET MOTS-CLÉS

Citez 3 comiques québécois.

Michel Courtemanche, Anthony Kavanagh,
Stéphane Rousseau...

THÈMES ET MOTS-CLÉS

Citez 3 humoristes américains pratiquant le stand-up.

Lenny Bruce, Eddie Murphy, Chris Rock…

THÈMES ET MOTS-CLÉS

Citez 3 comédies avec Eddie Murphy.

Le Flic de Beverly Hills, Docteur Dolittle,
Un fauteuil pour deux …

THÈMES ET MOTS-CLÉS

Citez 3 comédies des Charlots.

Les Bidasses en folie, Les Fous du stade,
Les Charlots font l'Espagne ...

THÈMES ET MOTS-CLÉS

Citez 3 duos comiques français.

Les Bodin's, Les Frères ennemis,
Garnier et Sentou…

Citez 3 comédies qui sont des parodies de films.

Hot Shots ! *(parodie de Top Gun)*,
Scary Movie *(parodie de Scream)*,
Mords-moi sans hésitation *(parodie de Twilight)*...

THÈMES ET MOTS-CLÉS

Citez 3 parodies de films d'horreur.

Le Bal des vampires, S.O.S. Fantômes,
Shaun of the Dead…

THÈMES ET MOTS-CLÉS

Citez 3 journalistes du JT de Groland.

Michael Kael (Benoît Delépine),
Gustav Kervern, Francis Kuntz.